Impressum
Verlag: BABADADA GmbH, Nedderfeld 112 , 22529 Hamburg
Geschäftsführer / Verlagsleitung: Harald Hof
Druck: Books on Demand GmbH, In de Tarpen 42, 22848 Norderstedt

Imprint
Publisher: BABADADA GmbH, Nedderfeld 112 , 22529 Hamburg, Germany
Managing Director / Publishing direction: Harald Hof
Print: Books on Demand GmbH, In de Tarpen 42, 22848 Norderstedt

ليكول
el colegio

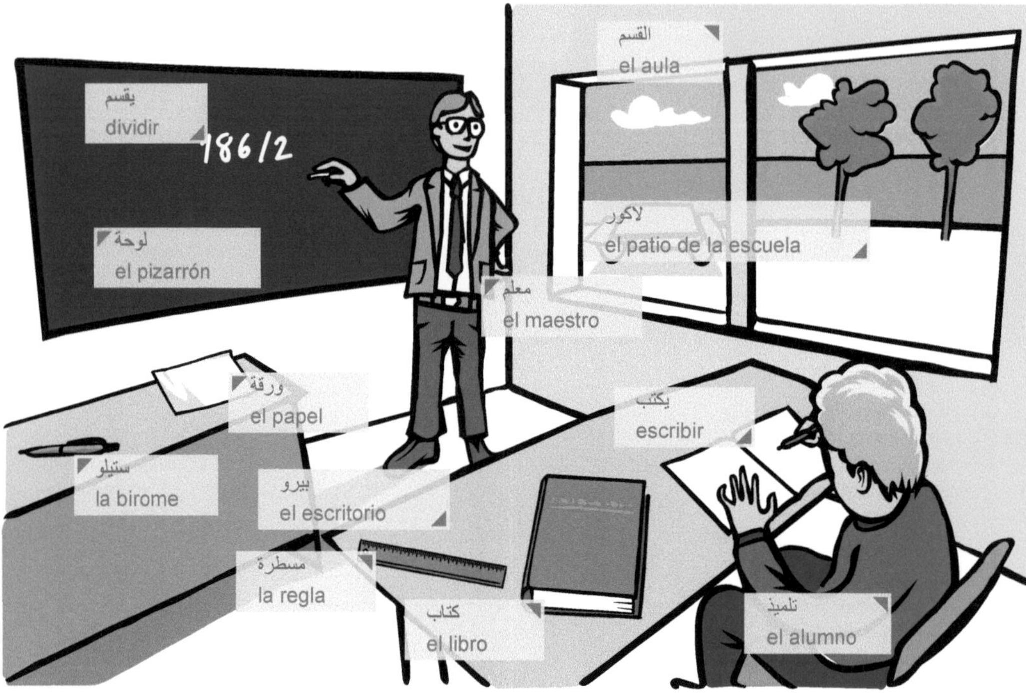
يقسم
dividir
186/2
لوحة
el pizarrón
القسم
el aula
لاكور
el patio de la escuela
معلم
el maestro
ورقة
el papel
يكتب
escribir
ستيلو
la birome
بيرو
el escritorio
مسطرة
la regla
كتاب
el libro
تلميذ
el alumno

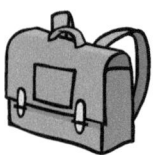

كرطاب
la mochila

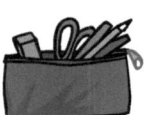

المقلمة
la caja de lápices

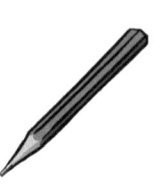

قلم الرصاص
el lápiz

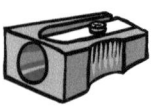

منجارة
el sacapuntas

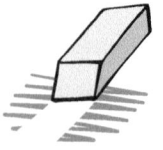

ممحا
la goma (de borrar)

الكايي تاع الرسم
el bloc de dibujo

الرسم
....
el dibujo

البانسو
....
el pincel

باتير
....
la caja de pinturas

مقص
....
la tijera

كولا
....
el pegamento

كايي تاع التمارين
....
el cuaderno de ejercicios

الواجبات
....
la tarea

12

النيميرو
....
el número

2+2

يجمع
....
sumar

5-2

يطرح
....
restar

2×2

يضرب
....
multiplicar

يحسب
....
calcular

A

الحرف
....
la letra

ABCDEFG
HIJKLMN
OPQRSTU
VWXYZ

الحروف
....
el abecedario

كلمة
....
la palabra

النص

el texto

يقرا

leer

طباشير

la tiza

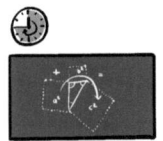

الدرس

la lección

دفتر المدرسي

el cuaderno de clase

ليقزاما

el examen

سرتفيكا

el certificado

اللبة تاع ليكول

el uniforme escolar

التعليم

la educación

ليكسيك

la enciclopedia

الجامعة

la universidad

المجهر

el microscopio

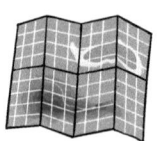

الخريطة

el mapa

بوبال

el tacho (de basura)

فواياج

el viaje

Grand
اوتال
el hotel
بيت الشباب
el hostel
ROOMS
بيرة تاع الصرف
la casa de cambio
فاليزة
la valija
لولو
el auto

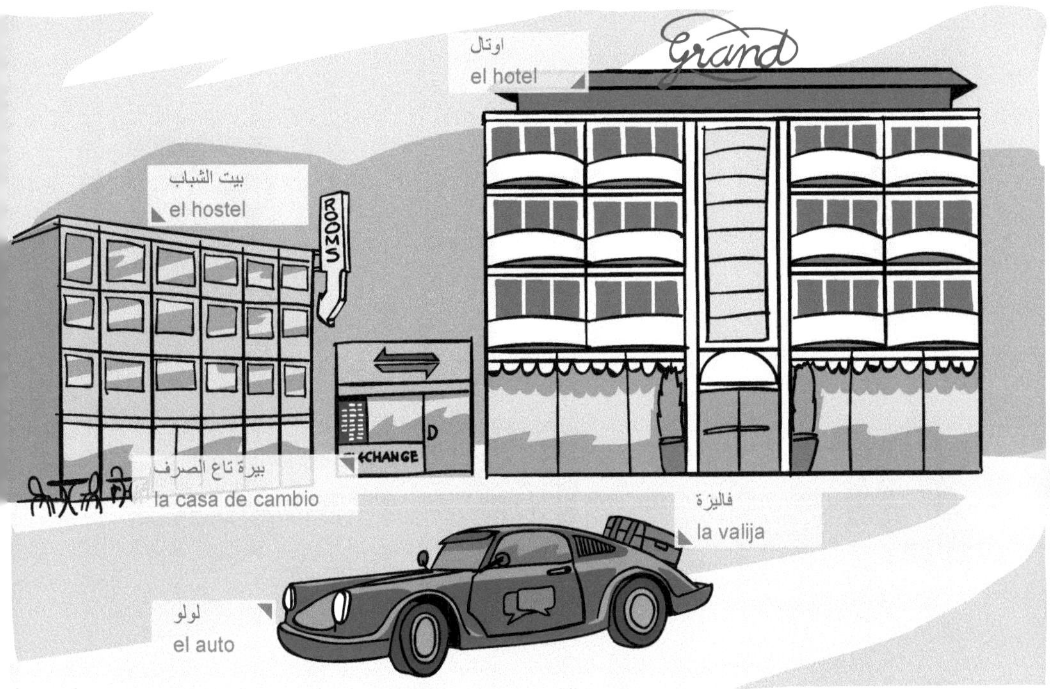

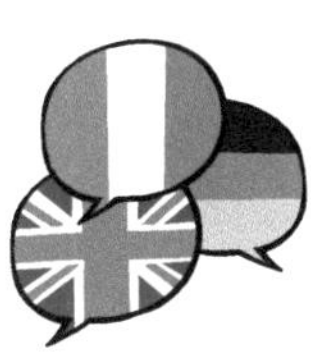

اللغة ليقصدها

el idioma

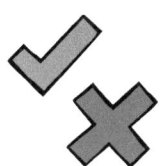

واه / لا

sí / no

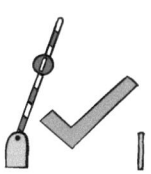

صحا

Está bien

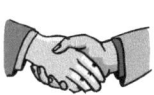

مرحبا

hola

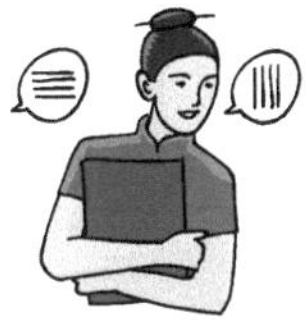

طرجمان

el traductor

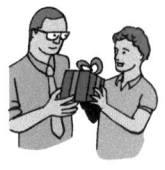

صحيت

Gracias

شعال السومة؟

¿cuánto cuesta...?

مفهمتش

No entiendo

مشكيلة

el problema

مسلخير

¡Buenas tardes!

صباح لخير

¡Buenos días!

تصبح بخير

¡Buenas noches!

بسلامة

el adiós

ديركسيو

la dirección

الباقاج

el equipaje

ساك

el bolso

ساكادو

la mochila

ضيف

el invitado

شمبرا

la habitación

ساك تاع رقاد

la bolsa de dormir

خيمة

la carpa

استعلامات سياحية

la información turística

بحر

la playa

كارطة ناع الكريدي

la tarjeta de crédito

فطور الصباح

el desayuno

الفطور

el almuerzo

العشا

la cena

البيي

el pasaje

اسونسير

el ascensor

تامبر

el sello

الحدود

la frontera

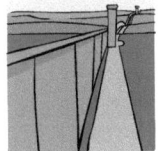

الديوانة

la aduana

سقارة

la embajada

فيزا

la visa

باسبور

el pasaporte

el transporte

طيارة
el avión

بابور
el barco

ليونبيا
la autobomba

بيس
el colectivo

كاميونة
el camión

بوطي
la lancha a motor

بيسكلات
la bicicleta

لولو
el auto

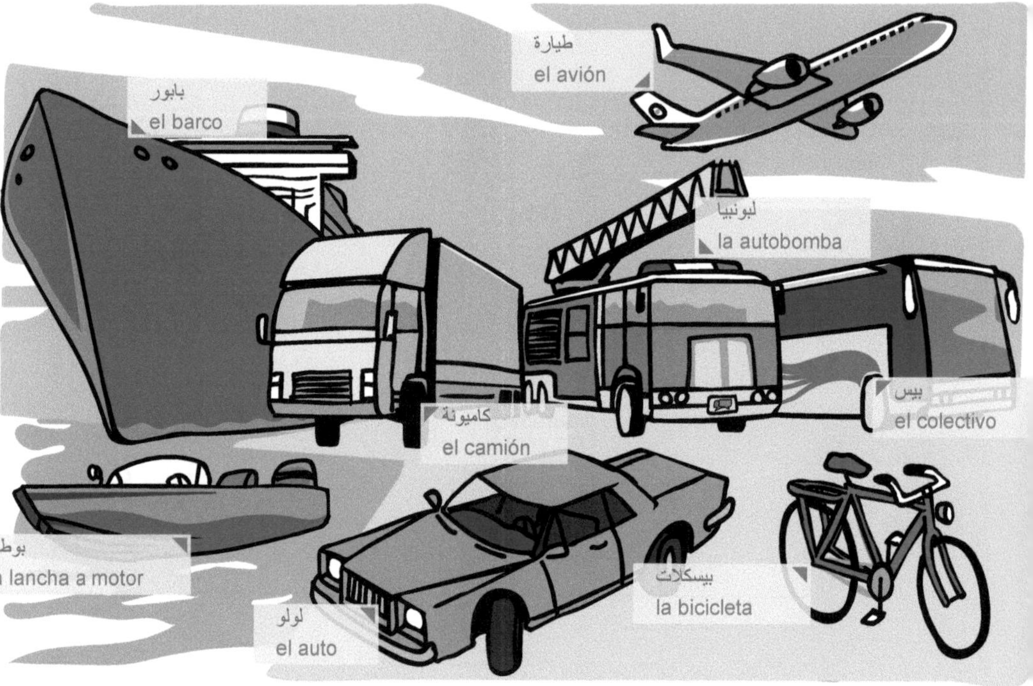

بابو
el ferry

بوطي
el bote

موطو
la moto

لوطو تاع لابوليس
el patrullero

لوطو تاع السباق
el auto de carreras

لوطو تاع كرية
el auto de alquiler

لواطا تاع كرية
....
el alquiler de autos

رومورك
....
la grúa

كاميو تاع الزبل
....
el camión de la basura

موتور
....
el motor

ليسونس
....
la nafta

ستاسيون
....
la estación de servicio

بانو
....
la señal de tránsito

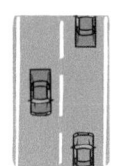

ترافيك
....
el tránsito

سركالة
....
el embotellamiento

باركينغ
....
el estacionamiento

لاقار
....
la estación de tren

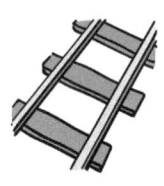

السبيكة
....
las vías

قطار
....
el tren

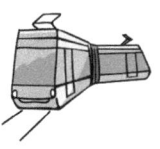

ترام
....
el tranvía

فاغون
....
el vagón

اليكبتار

el helicóptero

مطار

el aeropuerto

تور

la torre

مسافر

el pasajero

كونتنار

el contenedor

كرطونة

la caja de cartón

شاريو

la carretilla

سلة

la canasta

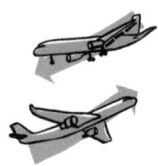

يقلع / يهود

despegar / aterrizar

مان

la ciudad

قرية

el pueblo

البلاد

el centro de la ciudad

دار

la casa

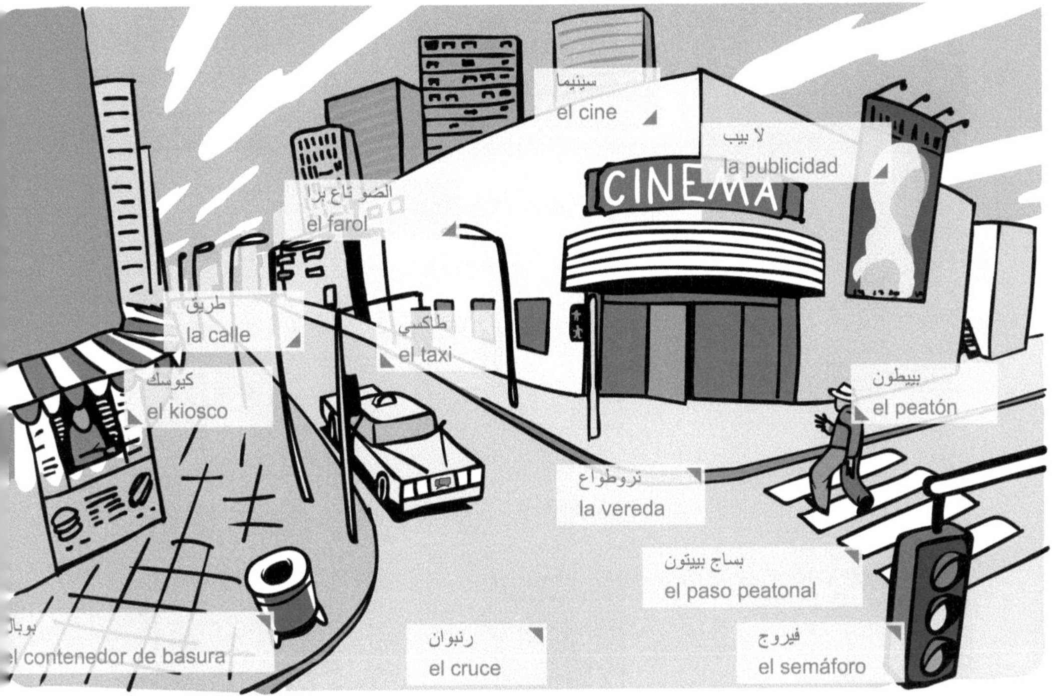

سينيما
el cine

لا بيب
la publicidad

الضو قاع برا
el farol

طريق
la calle

طاكسي
el taxi

كيوسك
el kiosco

بييطون
el peatón

تروطواع
la vereda

بساج بييتون
el paso peatonal

بوبار
el contenedor de basura

رنبوان
el cruce

فيروج
el semáforo

كوخ
....
la cabaña

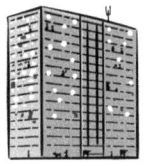

برطمان
....
el departamento

لاقار
....
la estación de tren

لاميري
....
la municipalidad

متّحف
....
el museo

ليكول
....
el colegio

الجاميعة

la universidad

بانكة

el banco

سبيطار

el hospital

اوتال

el hotel

فارماسي

la farmacia

بيرو

la oficina

مكتبة

la librería

حانوت

el negocio

فلوريست

la florería

سوبرات

el supermercado

مرشي

el mercado

حانوت كبير

las grandes tiendas

مسمكة

la pescadería

سونتر كومرسيال

el centro comercial

المينا

el puerto

بارك

el parque

بنك

el banco

جسر

el puente

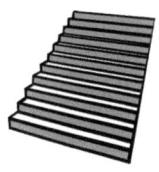

درج

las escaleras

ميترو

el subte

تونال

el túnel

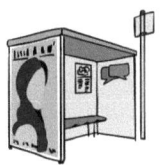

لاري تاع البيس

la parada del colectivo

بار

el bar

مطعم

el restaurante

صندوق البريد

el buzón

البانوات

el letrero

مقياس زمن الوقوف

el parquímetro

حديقة حيوانات

el zoológico

بيسين

la pileta

جامع

la mezquita

فيرما

la granja

التلوث

la contaminación

مقبرة

el cementerio

قليزية

la iglesia

بارك

los juegos infantiles

معبد

el templo

الريف

el paisaje

ورقة
la hoja

بانو
el poste indicador

طريق
el camino

مرج
la pradera

حجرة
la piedra

شجرة
el árbol

رحالة
el excursionista

نهر
el río

حشيش
la hierba

زهرة
la flor

واد
....
el valle

جبل
....
la montaña

بحيرة
....
el lago

غابة
....
el bosque

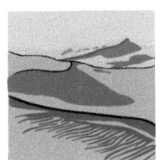

صحرا
....
el desierto

بركان
....
el volcán

شاطو
....
el castillo

قوس قزح
....
el arco iris

فطر
....
el champiñón

نخلة
....
la palmera

ناموسة
....
el mosquito

ذبانة
....
la mosca

نملة
....
la hormiga

نحلة
....
la abeja

رتيلة
....
la araña

خنفوس

el escarabajo

جرانة

la rana

سنجاب

la ardilla

قنفود

el erizo

قنينة

la liebre

بومة

la lechuza

زاوش

el pájaro

بجعة

el cisne

حلوف

el jabalí

عزالة

el ciervo

إلكة

el alce

سد

la presa

الطاحونة

el aerogenerador

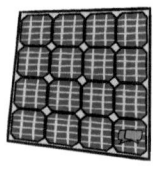

خلية شمسية

el panel solar

كليما

el clima

مطعم

el restaurante

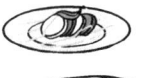

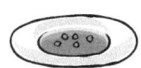

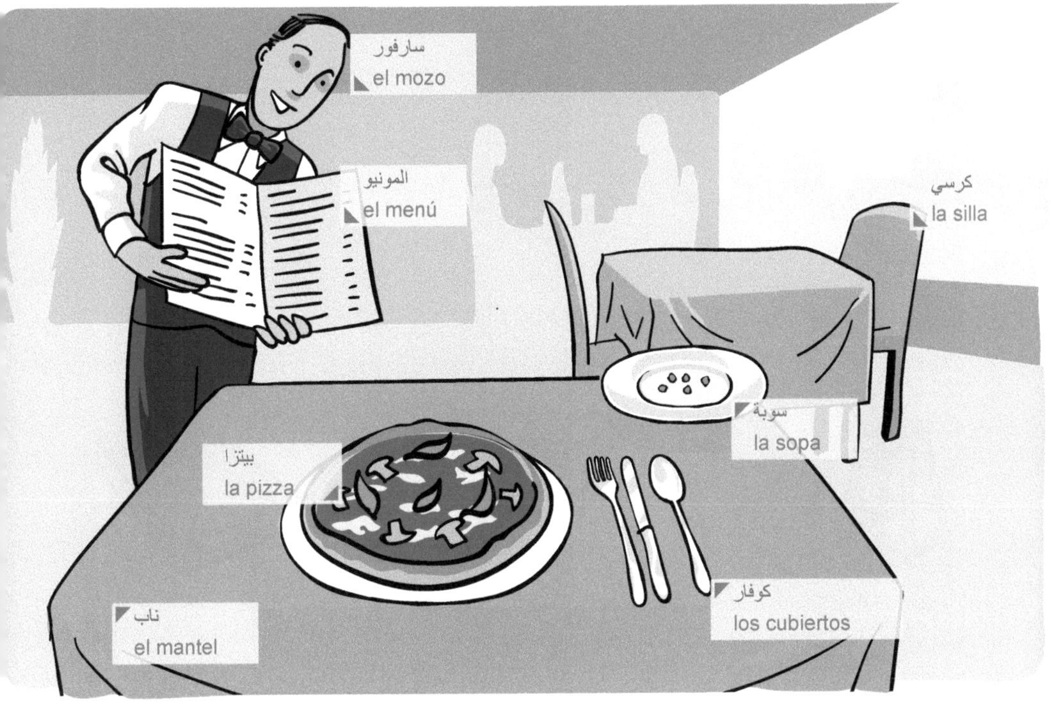

سارفور
el mozo
المونيو
el menú
كرسي
la silla
سوبة
la sopa
بيتزا
la pizza
كوفار
los cubiertos
ناب
el mantel

اوردوفر

la entrada

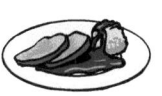

الطبق الرئيسي

el plato principal

ديسار

el postre

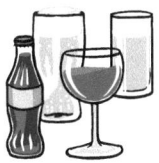

مشروبات

las bebidas

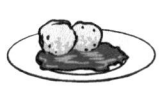

ماكلة

la comida

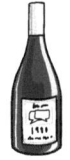

القرعة

la botella

فاست فود

la comida rápida

ماكلة نديه معايا

la comida callejera

براد اتاي

la tetera

سكرية

la azucarera

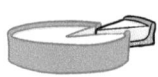

طرف

la porción

ماشينة تاع اكسبريسو

la cafetera expreso

كرسي عالي

la sillita alta

فاتورة

la cuenta

سني

la bandeja

خدمي

el cuchillo

فرشيطة

el tenedor

مغيرفة

la cuchara

مغيرفة تاع لاتاي

la cucharita

سربيتة تاع الطابلة

la servilleta

كاس

el vaso

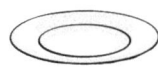

طبسي

el plato

بول

el plato hondo

طبسي تاع الفنجال

el plato

لاصوص

la salsa

القوطي تاع الملح

el salero

طحان تاع الحرور

el molinillo de pimienta

خل

el vinagre

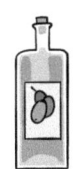

زيت

el aceite

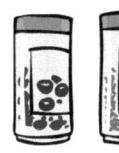

ليزيبيس

las especias

كتشوب

el kétchup

موطارد

la mostaza

مايونيز

la mayonesa

سوبرات

el supermercado

بروموسيو
la oferta especial
FOR
كلويون
el cliente
مشتقات الحليب
los lácteos
فاكية
la fruta
شاريو
el changuito

BUTCHERS

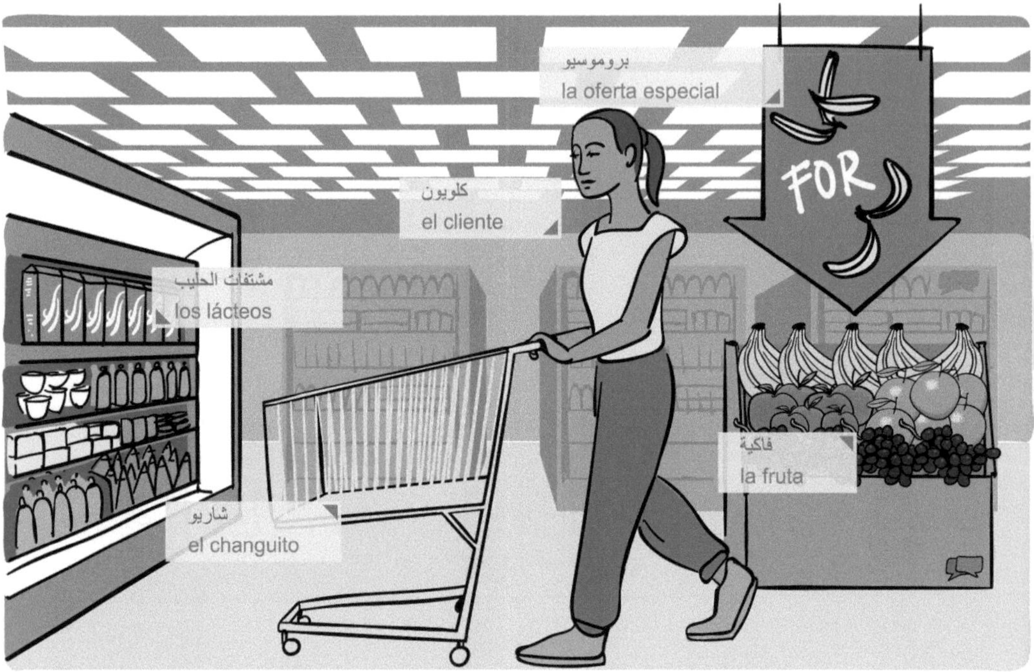

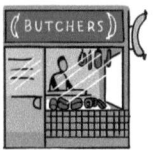

بوشي

la carnicería

BAKERY

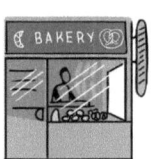

بولونجي

la panadería

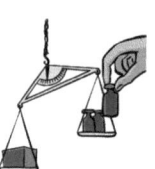

يوزن

pesar

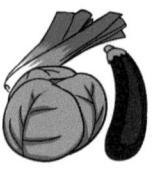

خضار

las verduras

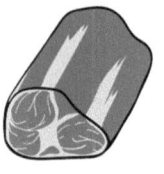

لحم

la carne

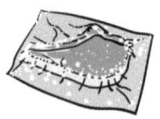

سيرجولي

los alimentos congelados

كاشير

los fiambres

كونسارف

los alimentos enlatados

الاومو تاع لغسيل

el detergente en polvo

الحلويات

las golosinas

صوالح الدار

los electrodomésticos

ديتارجو

los productos de limpieza

فوندوز / خدامة فالحانوت

la vendedora

لاكاس

la caja

كاسسي

el cajero

ليستا تاع الشري

la lista de compras

سوايع الخدمة

el horario de atención

تزداتم

la billetera

كارطة ناع الكريدي

la tarjeta de crédito

ساك

la cartera

بورسة

la bolsa de plástico

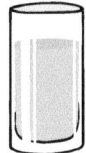

الما

el agua

جو

el jugo

حليب

la leche

كوكا

la bebida cola

الشراب

el vino

البيرة

la cerveza

شراب

el alcohol

كاكاو

el cacao

لاتاي

el té

قهوة

el café

اكسبريسو

el café expreso

كابوتشينو

el cappuccino

بانانة

la banana

تفاح

la manzana

تشينا

la naranja

بطيخ

el melón

ليم

el limón

كروطة / زرودية

la zanahoria

ثوم

el ajo

بانبو

el bambú

بصل

la cebolla

شانبينيو

el champiñón

بندق

las nueces

ليبات

los fideos

سباقيتي

los tallarines

روز

el arroz

سلاطة

la ensalada

ليفريت

las papas fritas

ليفريت

las papas fritas

بيتزا

la pizza

هانبورقر

la hamburguesa

سندويش

el sándwich

اسكالوب

el churrasco

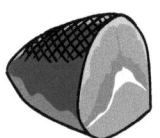

لحم الحلوف

el jamón

سامي

el salame

مرقاز

la salchicha

جاجة

el pollo

لحم مشوي

el asado

حوت

el pescado

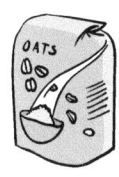

ثوفان

los copos de avena

موسلي

el muesli

كورن فلكس

los copos de maíz

فرينة

la harina

كرواسون

la medialuna

خبيزة

el pancito

الخبز / كسرة

el pan

خبز محمر

la tostada

بيسكوي

las galletitas

زبدة

la manteca

لبن

la cuajada

قاطو

la torta

بيض

el huevo

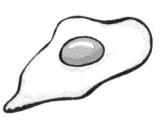

بيض مقلي

el huevo frito

فرماج

el queso

لاكرام

el helado

سكر

el azúcar

عسل

la miel

كونفتير

la mermelada

نوقا

la pasta de chocolate

الكاري

el curry

فيرما

la granja

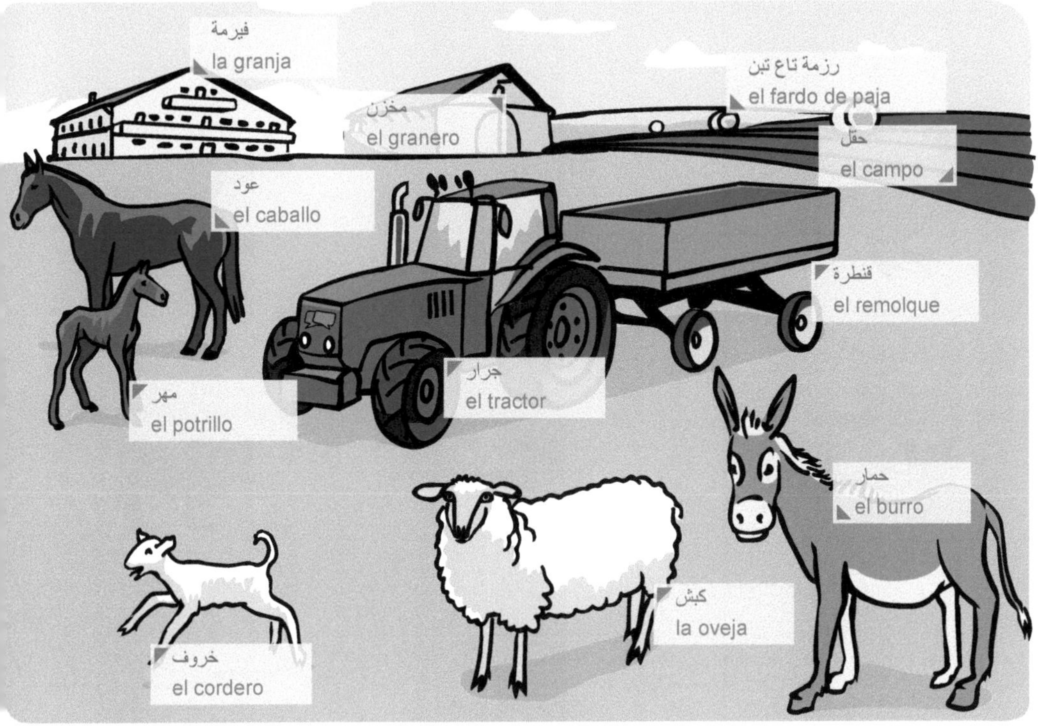
فيرمة
la granja
مخزن
el granero
رزمة تاع تبن
el fardo de paja
حقل
el campo
عود
el caballo
قنطرة
el remolque
جرار
el tractor
مهر
el potrillo
حمار
el burro
كبش
la oveja
خروف
el cordero

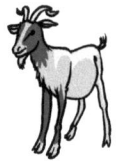

معزة

la cabra

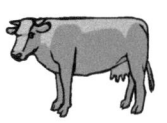

بقرة

la vaca

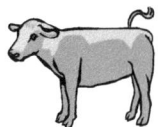

عجل

el ternero

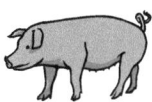

حلوف

el cerdo

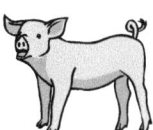

حلوف صغير

el lechón

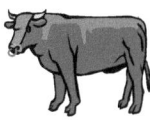

طورو

el toro

وزة

el ganso

بطة

el pato

فلوس

el pollo

جاجة

la gallina

سردوك

el gallo

طوبا

la rata

قطة

el gato

فأر

el ratón

ثور

el buey

كلب

el perro

دار الكلب

la cucha

تيبو

la manguera

إبريق

la regadera

منجل

la guadaña

محراث

el arado

منجل

la hoz

الفاس

la azada

مذراة الزبل

la horquilla

شاقور

el hacha

برويطة

la carretilla

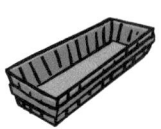

معلف

el abrevadero

قابة تاع حليب

la lechera

ساشيا

la bolsa

سياج

la reja

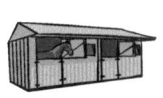

صطبل

el establo

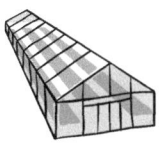

بوطاجي

el invernadero

تراب

el suelo

بذور

la semilla

سماد

el fertilizador

حصادة

la cosechadora

يحصد

cosechar

الغلة

la cosecha

بطاط

las batatas

قمح

el trigo

صويا

la soja

بطاطا

la papa

ماييس

el maíz

سلجم

la semilla de colza

شجرة تاع فاكية

el árbol frutal

منيهوت

la mandioca

الخبوب

los cereales

دار

la casa

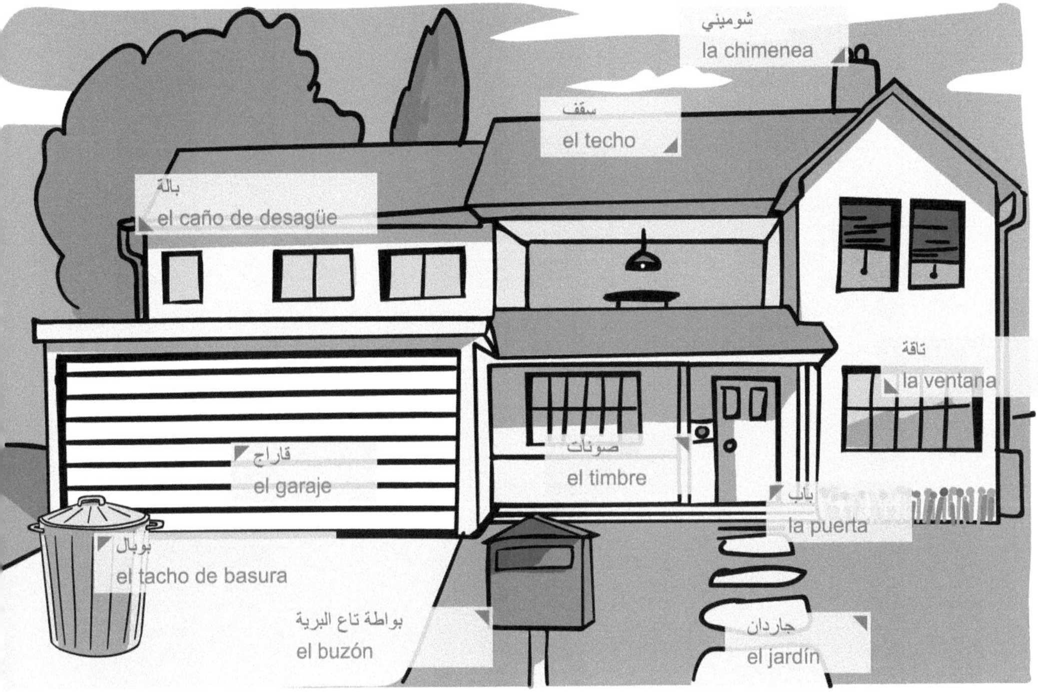

شوميني
la chimenea
سقف
el techo
بالة
el caño de desagüe
تاقة
la ventana
قاراج
el garaje
صونات
el timbre
باب
la puerta
بوبال
el tacho de basura
بواطة تاع البرية
el buzón
جاردان
el jardín

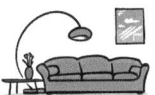

صالون

el living

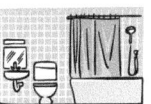

الحمام

el baño

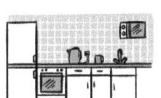

كوزينا

la cocina

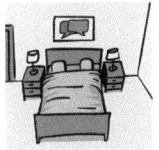

شامبرا تاع رقاد

el dormitorio

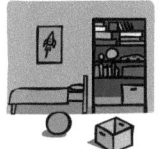

شمبرا تاع ذراري

el cuarto de los chicos

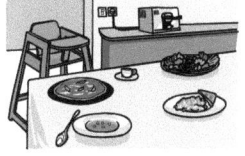

صالة مونجي

el comedor

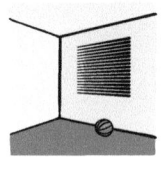

ضرل
....
el piso

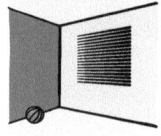

طيح
....
la pared

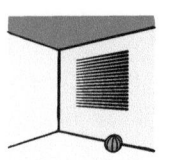

وفالب
....
el cielorraso

افاك
....
el sótano

انوس
....
el sauna

نوكلاب
....
el balcón

ةساريت
....
la terraza

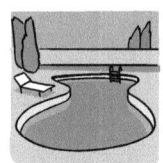

نيسيب
....
la pileta

شيشح عات ةرازج
....
la cortadora de pasto

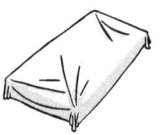

سووااا
....
la sábana

تاووك
....
el acolchado

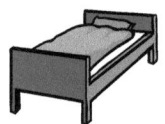

ةيسومان
....
la cama

ةحلصم
....
la escoba

حيلص عات وديب
....
el balde

روّتنغتنا
....
el interruptor

صالون

el living

ورق تاع حيطان
el empapelado
تصويرة
la imagen
لامبا
la lámpara
ايتجار
el estante
بلاكار
el armario
تيفزيون
la televisión
شوميني
la chimenea
زهرة
la flor
مخدة
el almohadón
صافا
el sofá
فاز
el florero
تيليكومند
el control remoto

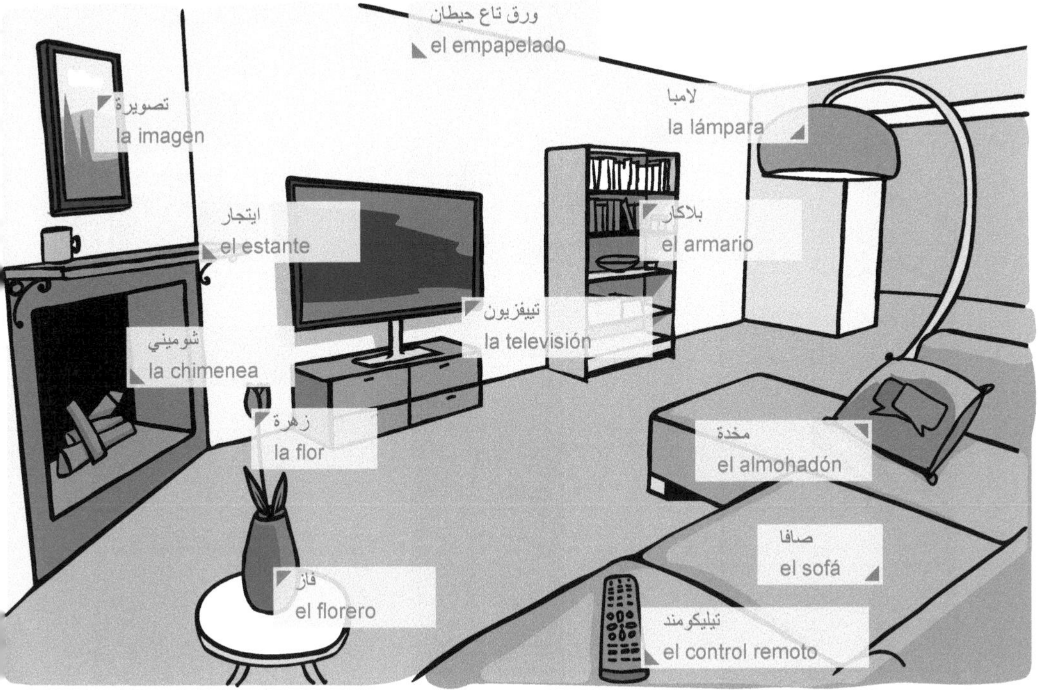

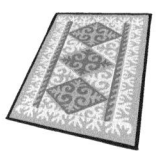

طابي

la alfombra

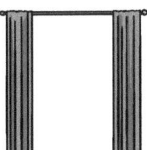

ريدو

la cortina

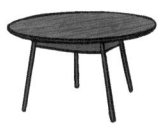

طابلة

la mesa

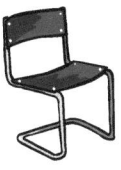

كرسي

la silla

كرسي يبوجي

la mecedora

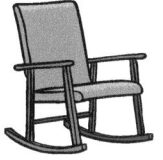

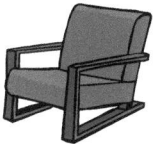

فوتاي

el sillón

كتاب

el libro

طوفيرطة

la frazada

زواق

la decoración

الحطب

la leña

فيلم

la película

الستيريو

el equipo de música

مفتاح

la llave

جرنان

el diario

كادر

la pintura

بوستار

el póster

راديو

la radio

كناش

el cuaderno

اسبيراتور

la aspiradora

صبار

el cactus

شمعة

la vela

كوزينا

la cocina

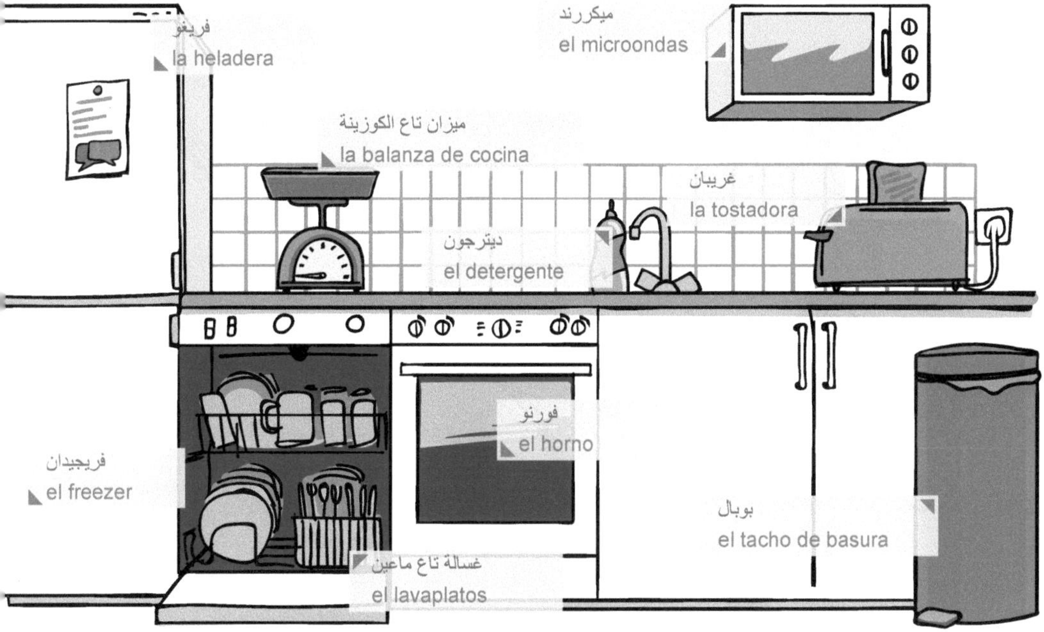

فريغو
la heladera
ميكررند
el microondas
ميزان تاع الكوزينة
la balanza de cocina
غريبان
la tostadora
ديترجون
el detergente
فورنو
el horno
فريجيدان
el freezer
بوبال
el tacho de basura
غسالة تاع ماعين
el lavaplatos

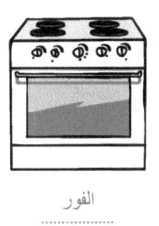

الفور

la cocina

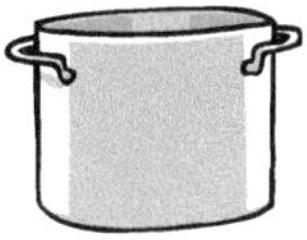

قدرة

la olla

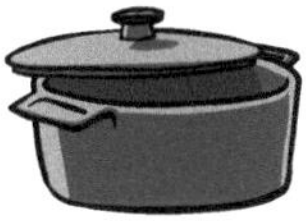

مرميطا

la olla de hierro fundido

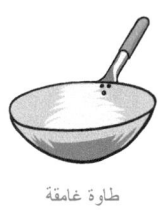

طاوة غامقة

el wok

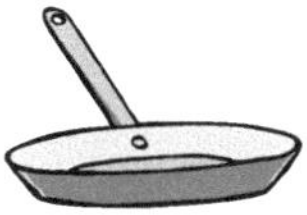

مقلة

la sartén

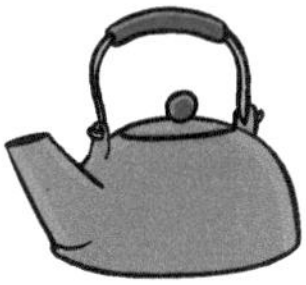

غلاية

la pava

قدرة

la vaporera

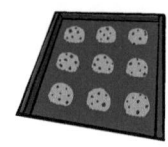

سني

la bandeja de horno

ماعين

la vajilla

قوبلي

la taza

طبسي

el bol

مطارق تاع الماكلة

los palitos

لوشة

el cucharón

سباتولة

la espátula

الضرابة

la batidora

كسكاس

el colador

صفاية

el colador

راب

el rallador

مهراز

el mortero

شواية

la parrilla

موقد

la fogata

بلونشا
la tabla de picar

رولو
el palo de amasar

الحلال
el sacacorchos

قابسة
la lata

الحلال
el abrelatas

كتان
la manopla

لافابو
la pileta

بروسة
el cepillo

بونجة
la esponja

الخلاط
la batidora

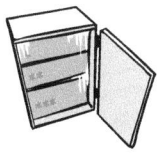

فريغو
el congelador

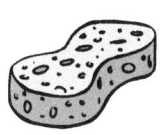

بيبرونة
la mamadera

سبالة
la canilla

الحمام

el baño

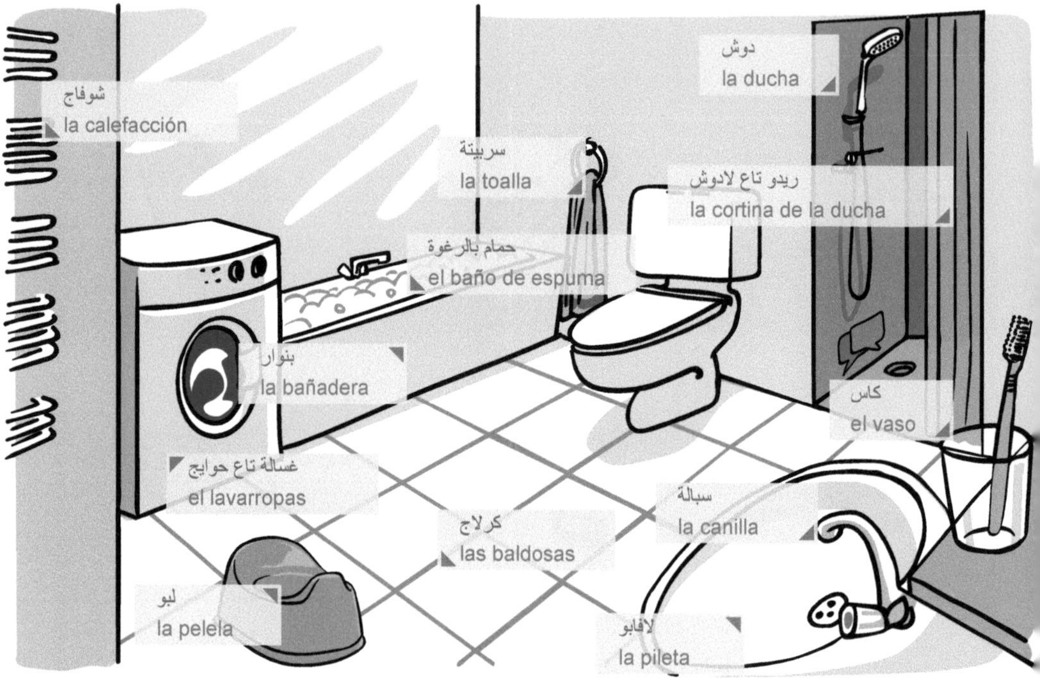

شوفاج
la calefacción
سربيتة
la toalla
دوش
la ducha
ريدو تاع لادوش
la cortina de la ducha
حمام بالرغوة
el baño de espuma
بنوار
la bañadera
كاس
el vaso
غسالة تاع حوايج
el lavarropas
سبالة
la canilla
كرلاج
las baldosas
لبو
la pelela
لافابو
la pileta

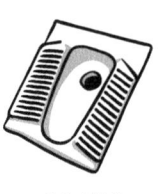

توالات
....
el inodoro

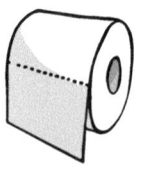

توالات تركي
....
la letrina

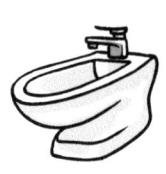

غسال الرجلين
....
el bidé

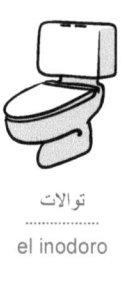

مبولة
....
el mingitorio

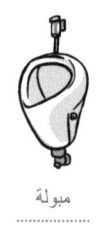

ورق تاع توالات
....
el papel higiénico

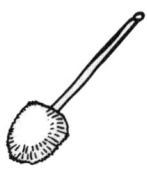

بروسة تاع توالات
....
el cepillo para el inodoro

بروسدون

el cepillo de dientes

دونتفريس

el dentífrico

خيط السنان

el hilo dental

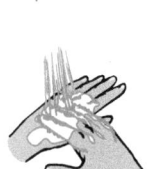

يغسل

lavar

دوش تاع شات دوش

la ducha de mano

دوشات

la ducha higiénica

لافابو

la palangana

بروسا تاع الظهر

el cepillo para la espalda

صابون

el jabón

جال دوش

el gel de ducha

شنبوان

el shampoo

الحبل

la toallita

قادوس

el desagüe

بومادة

la crema

ديودورون

el desodorante

مراية

el espejo

مراة صغيرة

el espejito

رازوار

la maquinita de afeitar

لاموس

la espuma de afeitar

كولون

el aftershave

مشطة

el peine

بروسة

el cepillo

سشوار

el secador de pelo

مثبت الشعر

el spray

مكياج

el maquillaje

روجالافر

el lápiz de labios

فرني

el esmalte para uñas

قطن

el algodón

كوبنغل

la tijera para uñas

ريحة

el perfume

تروسة تاع حمام

el portacosméticos

طابوري

la banqueta

ميزان

la balanza

بينوار

la bata

ليغونات تاع النيتواياج

los guantes de goma

تمبون

el tampón

ليبوند

la toallita femenina

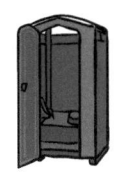

توالات

el baño químico

شمبرا تاع ذراري
el cuarto de los chicos

ريفاي
el despertador
نونورس
el peluche
لوطو جوي
el coche de juguete
الخشخاش
el sonajero
دار تاع بوبيات
la casa de muñecas
كادو
el regalo

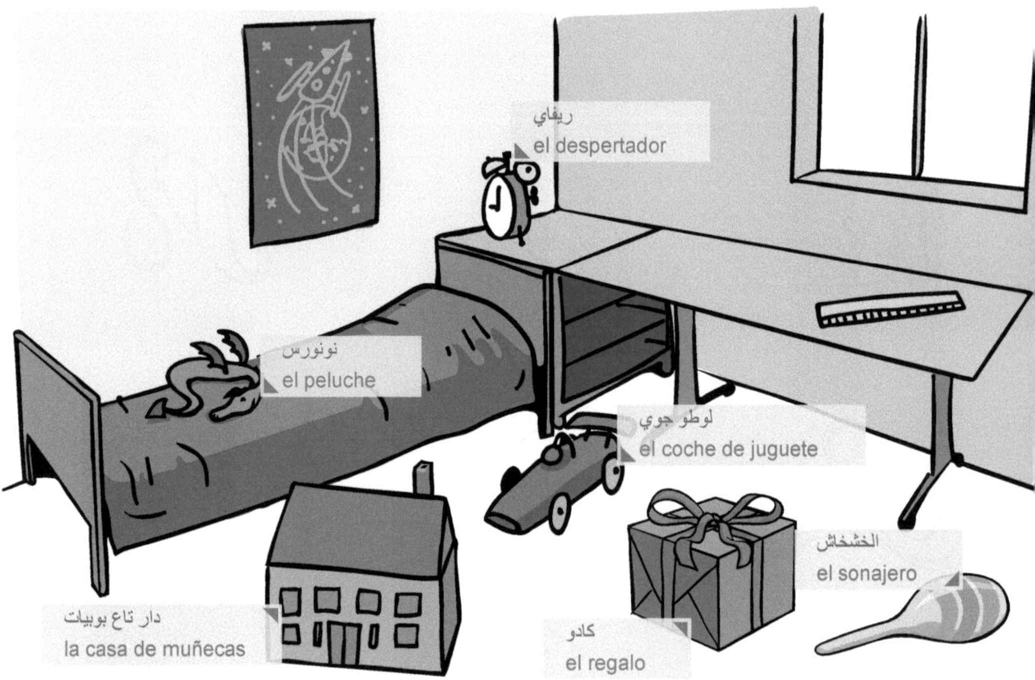

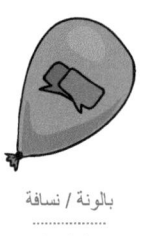

بالونة / نسافة

el globo

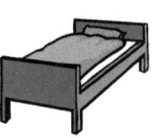

ناموسية

la cama

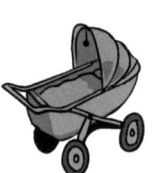

بوسات

el cochecito

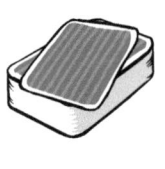

الكارطة

las cartas

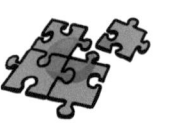

البوزيل

el rompecabezas

SUPER MEGA

بوند ديسيني

la historieta

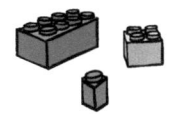

اللیغو

las piezas de lego

حجر يبنوه

los ladrillos de juguete

بوبية

la figura de acción

لبسة تاع البيبي

el enterito (de bebé)

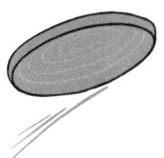

فريزي

el frisbee

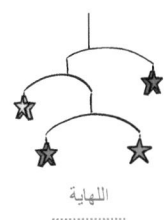

اللهاية

el móvil para bebés

لعبة الطابلة

el juego de mesa

الدي

los dados

التران

el tren eléctrico

سوسات

el chupete

حفلة / الفيشطة

la fiesta

كتاب بتصاوير

el libro de cuentos ilustrado

بالون

la pelota

بوبية

la muñeca

يلعب

jugar

بارك بالرملة

el arenero

بنصوار

la hamaca

جوري

los juguetes

منيطا

la consola de videojuegos

بيسكلات

el triciclo

دبدوب

el osito de peluche

ماريو

el armario

حوايج

la ropa

تقاشر

las medias

ليبا

las medias panty

كولو

las calzas

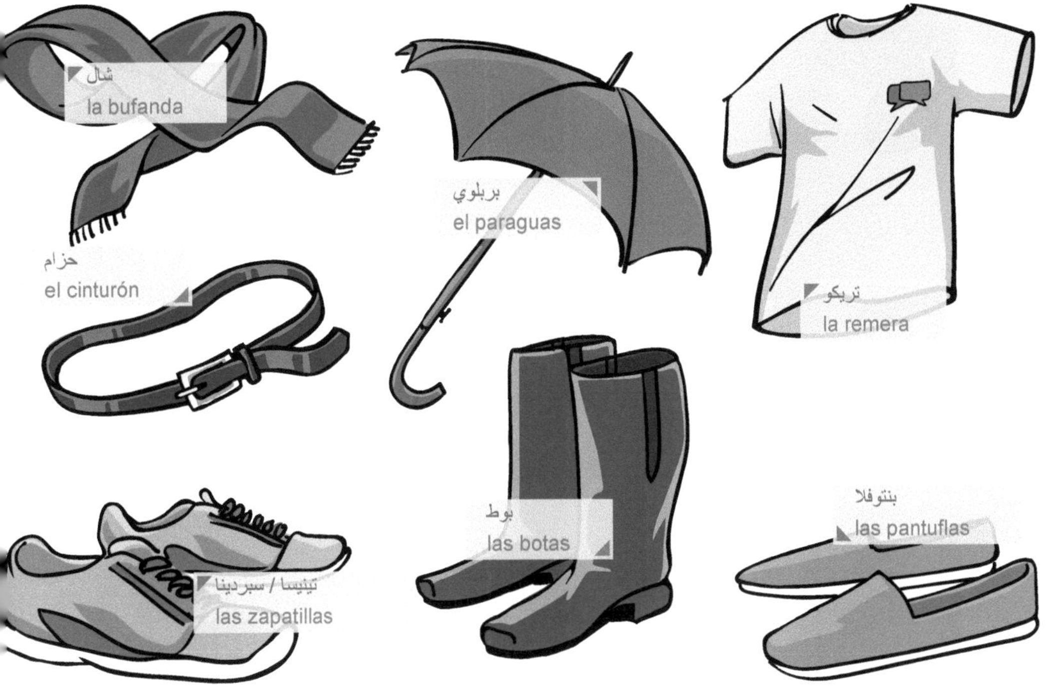

شال
la bufanda

بربلوي
el paraguas

حزام
el cinturón

تريكو
la remera

بوط
las botas

بنتوفلا
las pantuflas

تينيسا / سبردينا
las zapatillas

صندالة
....
las sandalias

صباط
....
los zapatos

بوط بلاستيك
....
las botas de goma

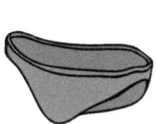

كالسون
....
la ropa interior

سوتيان
....
el corpiño

حويج تاع داخل
....
el chaleco

لاسق على الجسم

el body

سروال

los pantalones

جين

los jeans

جيبا

la pollera

طابلية

la blusa

قمجة

la camisa

تريكو

el pulóver

قارديقون

el buzo

بلازار

el blazer

فيستا

la campera

بالطو

el tapado

بالطو

el piloto

كوستيم

el traje

روبا

el vestido

روب بلونش

el vestido de novia

كوستيم

el traje

شوميز دونوي

el camisón

بيجاما

el pijama

ساري

el sari

حجاب

el pañuelo para la cabeza

عمامة

el turbante

برقع

la burka

قفطان

el caftán

عباية

la abaya

مايو

el traje de baño

سروال تاع عوم

el short de baño

شورت

los shorts

لبسة تاع سبور

el jogging

طابلية

el delantal

ليقونات

los guantes

قفلة

el botón

نواظر

los anteojos

براسلي

la pulsera

سنسلة

el collar

خاتم

el anillo

منقوش

el aro

بوني

la gorra

سانتر

la percha

شابو

el sombrero

قرافاطة

la corbata

غيمة

el cierre

كاسك

el casco

بروتال

los tiradores

اللبة تاع ليكول

el uniforme escolar

لينيفورم

el uniforme

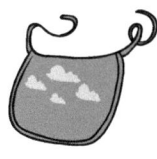

رياقة

el babero

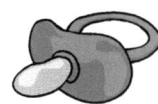

سوسات

el chupete

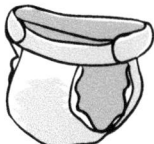

ليكوش

el pañal

بيرو
la oficina

سارفر
el servidor
خزانة تاع الملفات
el archivero
امبريمانت
la impresora
ورقة
el papel
ليكرون
el monitor
لاسوري
el mouse
بيرو
el escritorio
كلاسور
la carpeta
كلافيي
el teclado
كرسي
la silla
بوبال
el tacho (de basura)
اوردیناتور
la computadora

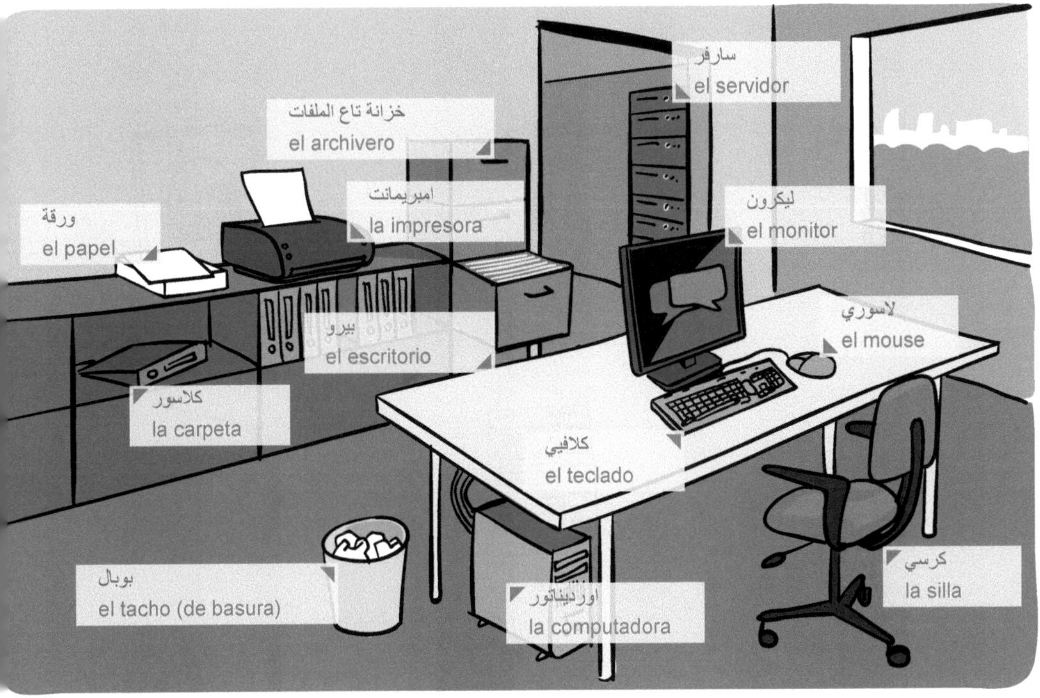

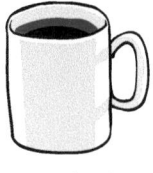

كاس قهوة

la taza de café

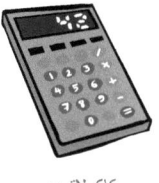

كاكولاتريس

la calculadora

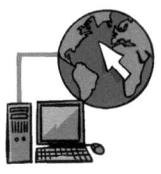

لانترنت

el internet

اوردبناتور

la laptop

برية

la carta

ميساج

el mensaje

بورطابل

el celular

ريزو

la red

فوطوكوبي

la fotocopiadora

لوجسيال

el software

تيلفون

el teléfono

بريزة

el tomacorriente

فاكس

el fax

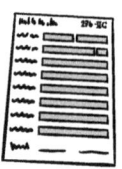

استمارة

el formulario

وثيقة

el documento

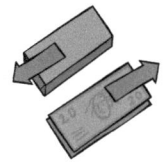

يشري
....
comprar

يخلص
....
pagar

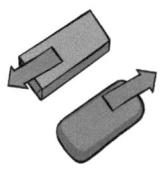

يتاجر
....
hacer negocios

دراهم
....
el dinero

دولار
....
el dólar

اورو
....
el euro

ين
....
el yen

روبل
....
el rublo

فرنك سويسري
....
el franco suizo

يوان
....
el yuan

روبية
....
la rupia

ديستربيبتور
....
el cajero automático

بيرة تاع الصرف

la casa de cambio

ذهب

el oro

فضة

la plata

نفط

el petróleo

طاقة

la energía

السومة

el precio

عقد

el contrato

طاكس

el impuesto

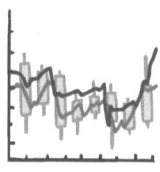

سهم

la acción

يخدم

trabajar

خدام

el empleado

مول الشي

el empleador

وزين

la fábrica

حانوت

el negocio

las ocupaciones

بوليسي
el policía

بومبي
el bombero

طياب
el cocinero

بيلوط
el piloto

الطبيب
el médico

جرديني

el jardinero

نجار

el carpintero

خياط

la modista

قاضي

el juez

شيميك

el farmacéutico

ممثّل

el actor

شوفير

el colectivero

طاكسيور

el taxista

صياد

el pescador

خدامة

la mucama

ماصو تاع الصقف

el techista

سارفور

el mozo

صياد

el cazador

بنتار

el pintor

خباز

el panadero

الكتريسيان

el electricista

ماصون

el albañil

مهندس

el ingeniero

بوشي

el carnicero

بلومبي

el plomero

فاكتور

el cartero

جندي
el soldado

ارشيتكت
el arquitecto

كاسسي
el cajero

بياع اورد
el florista

كوافير
el peluquero

الكنترول
el cobrador

ميكانيسيان
el mecánico

كابيتان
el capitán

طبيب سنان
el dentista

عالم
el científico

حاخام
el rabino

امام
el imán

موان
el monje

موان
el sacerdote

ليزوتي
las herramientas

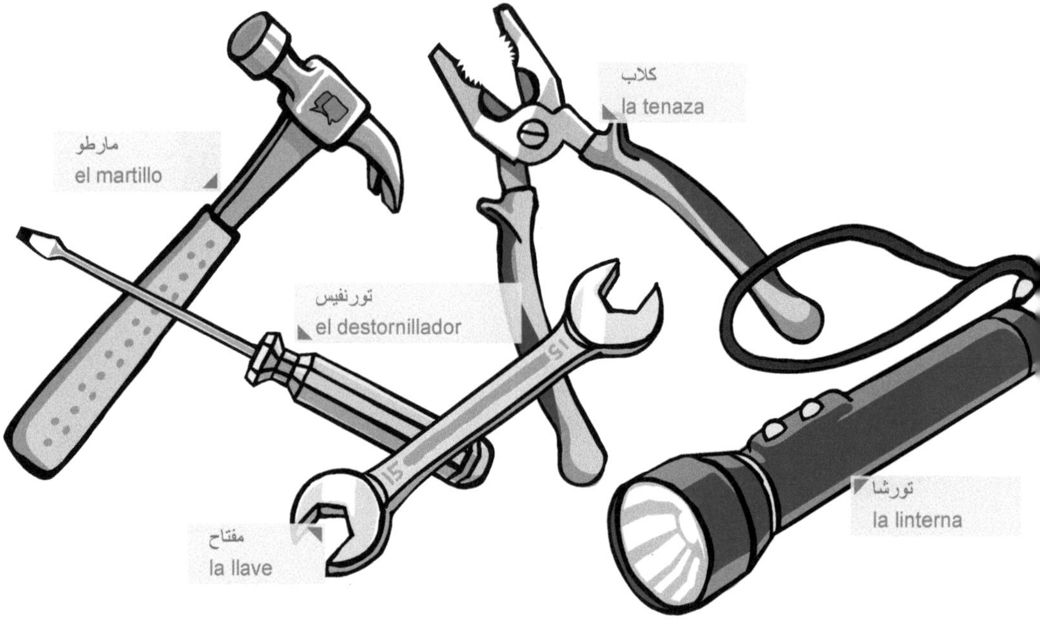

مارطو
el martillo
كلاب
la tenaza
تورنفيس
el destornillador
مفتاح
la llave
تورشا
la linterna

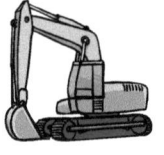

جرافة

la excavadora

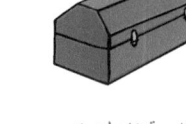

قايصة نتاع ليزوتي

la caja de herramientas

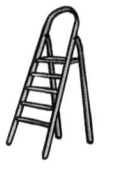

سلوم

la escalera portátil

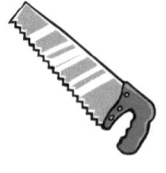

منشار

la sierra

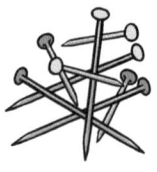

مسامير

los clavos

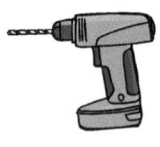

برسوز

el taladro

يصنع
....
arreglar

البالة
....
la pala de jardín

ياويلي
....
¡Qué bronca!

بالا
....
la pala de plástico

بو تاع بنتورة
....
el tacho de pintura

ليفيس
....
los tornillos

آلات موسيقية

los instrumentos musicales

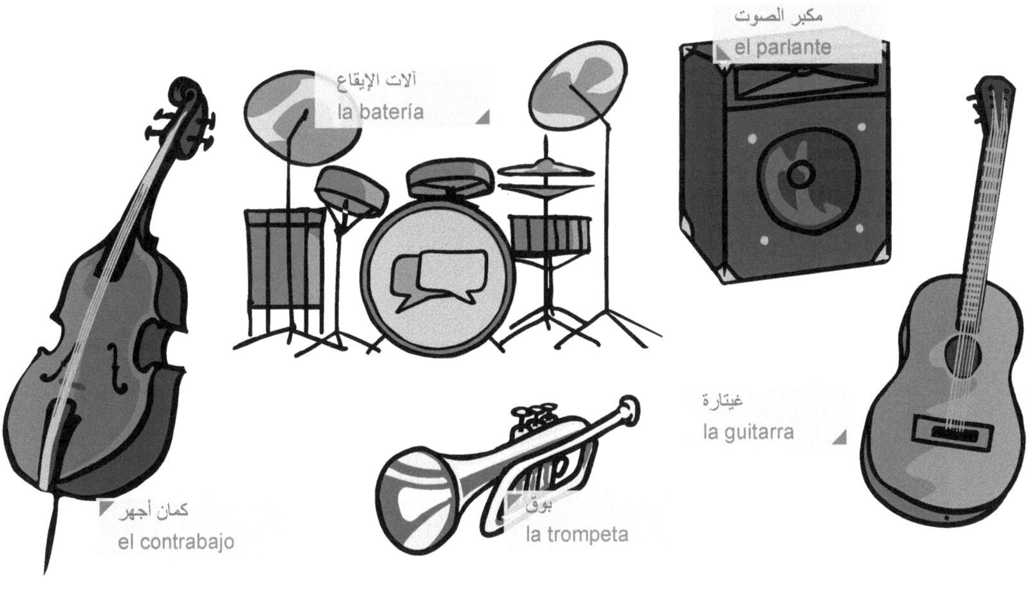

آلات الإيقاع
la batería

مكبر الصوت
el parlante

غيتارة
la guitarra

كمان أجهر
el contrabajo

بوق
la trompeta

بيانو

el piano

كمنجة

el violín

جهير

el bajo

طبل كبير

los timbales

طبل

el tambor

بيانو كهربائي

el teclado

ساكسوفون

el saxofón

ناي

la flauta

ميكروفون

el micrófono

آلات موسيقية - los instrumentos musicales

حديقة حيوانات
el zoológico

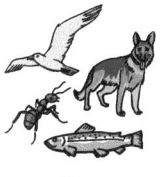

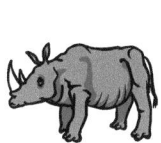

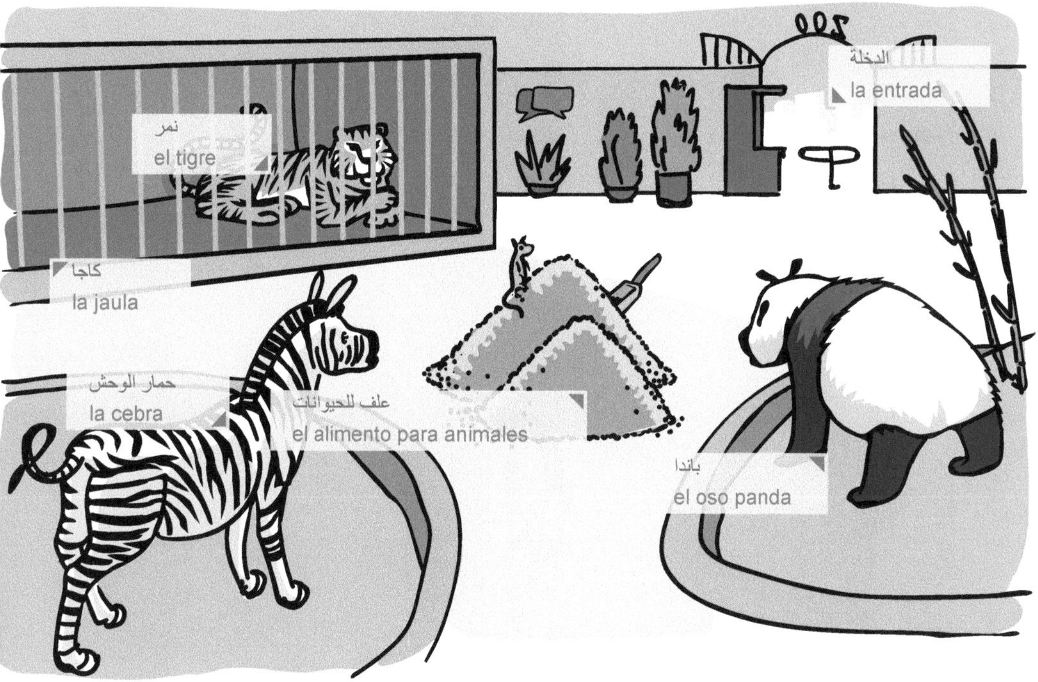

الدخلة
la entrada
نمر
el tigre
كاجا
la jaula
حمار الوحش
la cebra
علف للحيوانات
el alimento para animales
باندا
el oso panda

حيوانات
....
los animales

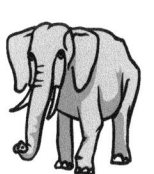

فيل
....
el elefante

كنغر
....
el canguro

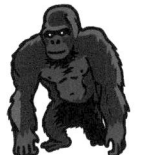

وحيد القرن
....
el rinoceronte

غوريلا
....
el gorila

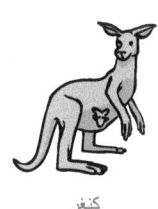

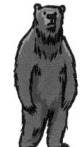

دب
....
el oso

جمل

el camello

نعامة

el avestruz

سبع

el león

تشيطا

el mono

فلامونغوز

el flamenco

بيروكي

el loro

دب قطبي

el oso polar

بطريق

el pingüino

سمك القرش

el tiburón

طاووس

el pavo real

لفعة

la serpiente

تمساح

el cocodrilo

عساس في حديقة الحيوان

el cuidador del zoológico

عجل البحر

la foca

نمر أمريكي مرقط

el jaguar

60   حديقة حيوانات - el zoológico

فرس قزم
....
el poni

نمر
....
el leopardo

فرس النهر
....
el hipopótamo

زرافة
....
la jirafa

نسر
....
el águila

حلوف
....
el jabalí

حوت
....
el pescado

فكرون
....
la tortuga

حيوان فظ البحري
....
la morsa

ثعلب
....
el zorro

غزال
....
la gacela

los deportes

بالون اميريكا
el fútbol americano

الركبة تاع البيسكلت
el ciclismo

تِنِيس
el tenis

باسكات
el básquet

العوم
la natación

بوكس
el boxeo

هوكي
el hockey sobre hielo

بالون
el fútbol

الريشة الطائرة
el bádminton

اتلاتيزم
el atletismo

الهوند
el handball

سكي
el esquí

بولو
el polo

las actividades

يضحك
reír

ينقز
saltar

يعنق
abrazar

يمشّي
caminar

يغنّي
cantar

ينوم
soñar

يصلّي
rezar

يبوس
besar

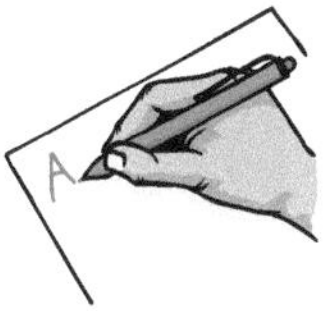

يكتب
escribir

يرسم
dibujar

يوري
mostrar

يدمر
presionar

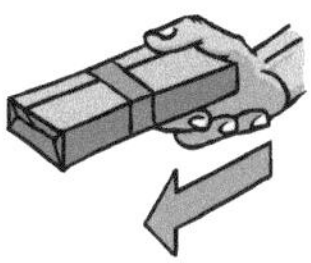

يعطي
dar

يدي
tomar

يملك
....
tener

يخدم
....
hacer

كاين
....
ser

يوقف
....
estar parado

يجري
....
correr

يجبد
....
tirar

يقيس / يرمي
....
tirar

يطيح
....
caer

يتكسل
....
estar acostado

يشوف
....
esperar

يرفد
....
llevar

يقعد
....
estar sentado

يلبس
....
vestirse

يرقد
....
dormir

ينوظ
....
despertar

يِشوف في

mirar

يبكي

llorar

يحك

acariciar

يِمشّط

peinar

يهدر

hablar

يفهم

entender

يسقسي

preguntar

يسمع

escuchar

يِشرب

beber

ياكل

comer

يخمل

ordenar

يبغي

amar

يطيب

cocinar

يصوق

manejar

يطير

volar

 يبحر بالفلوكة

navegar

يحسب

calcular

يقرأ

leer

يتعلم

aprender

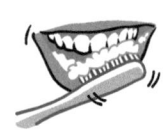

يخدم

trabajar

يتزوج

casarse

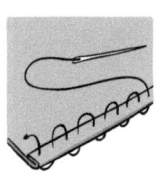

يخيط

coser

يغسل سنانو

cepillarse los dientes

يكتل

matar

يكمي

fumar

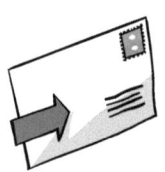

يرسل

enviar

لعايلة

la familia

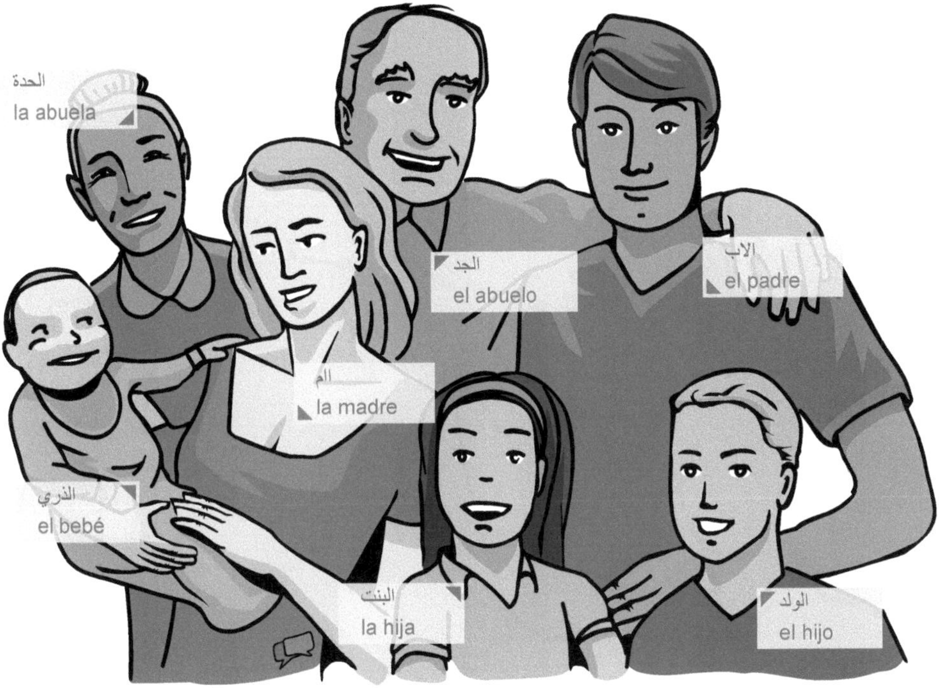

الحدة
la abuela
الجد
el abuelo
الاب
el padre
ام
la madre
الذري
el bebé
البنت
la hija
الولد
el hijo

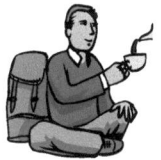

ضيف

el invitado

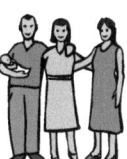

العمة / الخالة

la tía

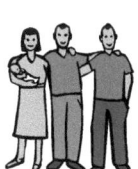

العم / الخال

el tío

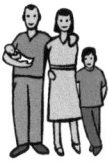

الخو

el hermano

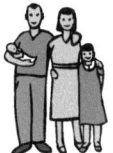

الخت

la hermana

el cuerpo

الجبهة
la frente

العين
el ojo

الكتف
el hombro

صبع
el dedo

الوجه
la cara

اللحية
la pera

اليد
la mano

الصدر
el pecho

الساق
la pierna

الذراع
el brazo

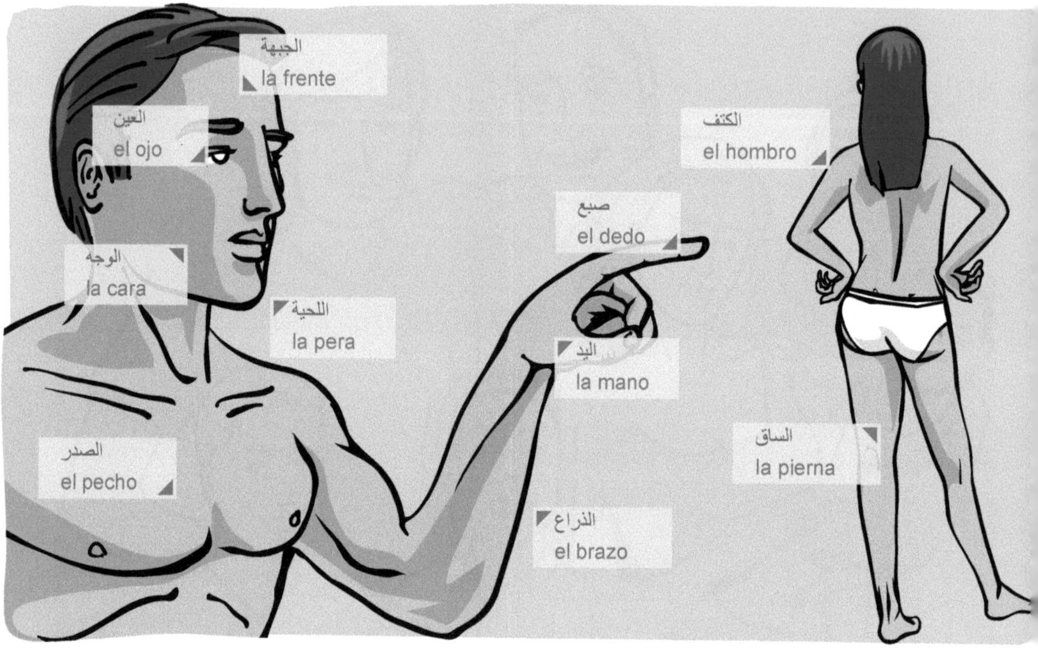

الذري
el bebé

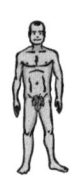

الراجل
el hombre

المرا
la mujer

الشيرة، الطفلة
la nena

الشير
el nene

الراس
la cabeza

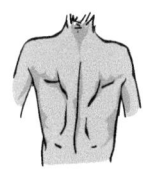

ظهر

la espalda

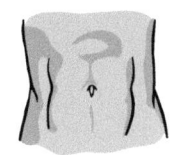

الكرش

la panza

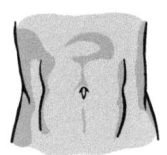

السرة

el ombligo

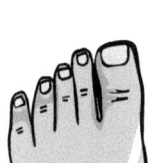

صبع

el dedo del pie

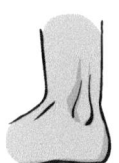

طالون

el talón

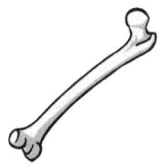

العظم

el hueso

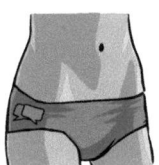

المرادف

la cadera

الركبة

la rodilla

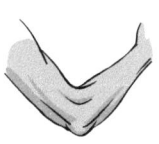

لمرفغ

el codo

نيف

la nariz

مصاصيط

la cola

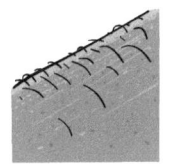

البشرة

la piel

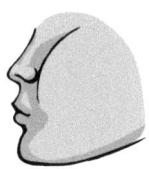

الحنوك

el cachete

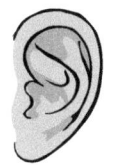

لوذن

la oreja

ثورب

el labio

الفم

la boca

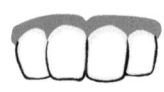

السنة

el diente

السان

la lengua

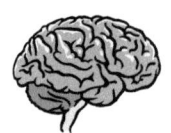

الدماغ

el cerebro

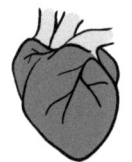

القلب

el corazón

العضلة

el músculo

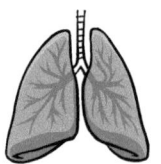

الرية

el pulmón

الكبدة

el hígado

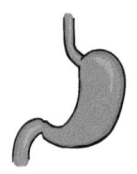

لسطوما ما

el estómago

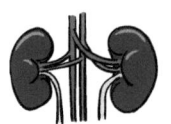

كلوى

los riñones

رابور

el sexo

بريزارڤتيڤ

el preservativo

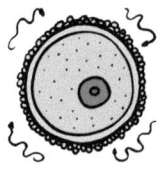

البويضة

el óvulo

سيرم

el semen

شركلب

el embarazo

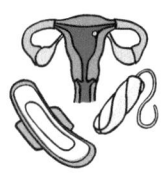

ليراغل
....
la menstruación

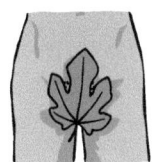

المهبل
....
la vagina

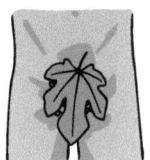

المذاكر
....
el pene

الحاجب
....
la ceja

الشعر
....
el pelo

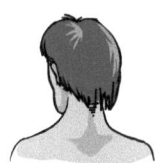

رقَبة
....
el cuello

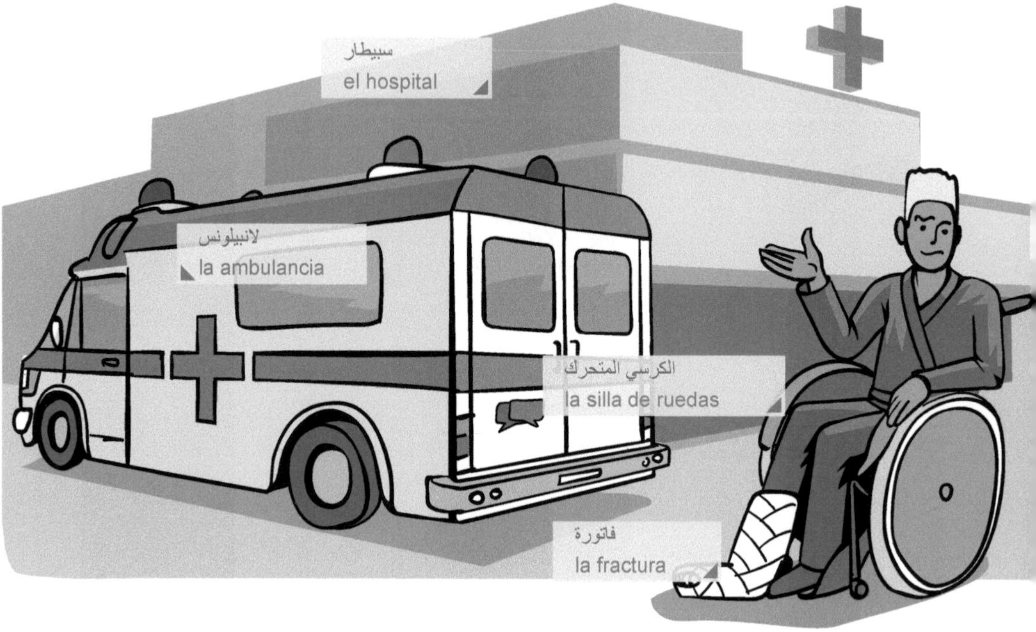

سبيطار

el hospital

سبيطار
el hospital
لانبيلونس
la ambulancia
الكرسي المتحرك
la silla de ruedas
فاتورة
la fractura

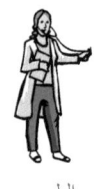

الطبيب

el médico

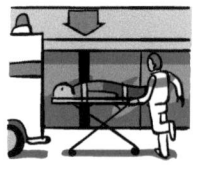

ليزيرجونس

la sala de guardia

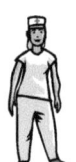

الممرضة

la enfermera

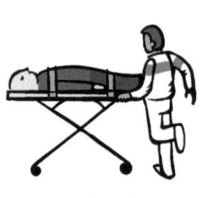

ليرجونس

la emergencia

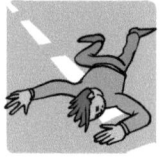

تغاشى

inconsciente

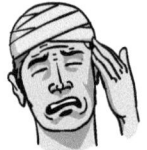

الوجع

el dolor

الجرح

la lesión

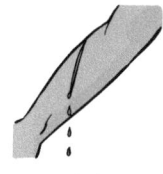

يسل الدم

la hemorragia

القلب

el infarto

لافيسي

el ACV

لالرجي

la alergia

الكحة

la tos

الحمة

la fiebre

لاقريب

la gripe

الاسهال

la diarrea

ميغران

el dolor de cabeza

السرطان

el cáncer

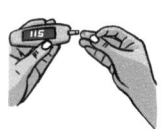

السكر

la diabetes

الجراح

el cirujano

مبضع

el bisturí

عملية تاع القلب

la operación

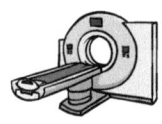

لاسيتي
la TC

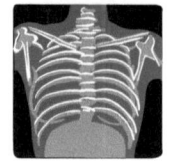

الراديو
los rayos x

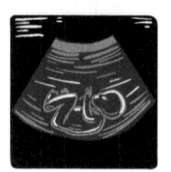

لولتخازون
la ecografía

لماسك
el barbijo

المرض
la enfermedad

وين يقارعو
la sala de espera

العكاز
la muleta

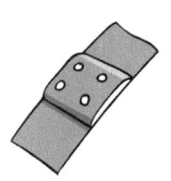

سكوتش
la curita

لبانسما
la venda

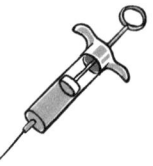

لبرة
la inyección

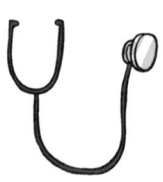

السماعة تاع الطبيب
el estetoscopio

نقالة
la camilla

لوزنو بيه الحمة
el termómetro

زيادة
el nacimiento

السمونية
el sobrepeso

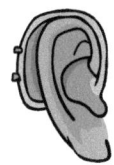

جهاز السمع

el audífono

المعقم

el desinfectante

لنفكسون

la infección

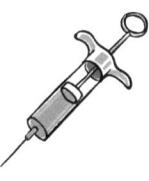

الفيروس

el virus

السيدا

el VIH / SIDA

الدوا

el remedio

الفاكسان

la vacunación

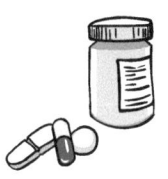

الدوا حب

los comprimidos

بيلولة

la pastilla anticonceptiva

يعيط للنجدة

la llamada de emergencia

الجهاز ليقيسو بيه الدم

el tensiómetro

مريض / صحيح

enfermo / sano

سلكوني

¡Ayuda!

لالارم

la alarma

يتعدا

la agresión

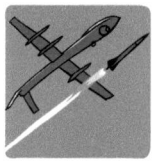

يهجم

el ataque

دونجي

el peligro

مخرج الطوارئ

la salida de emergencia

النار شاعلة

¡Fuego!

لكستانتور

el matafuego

اكسيدون

el accidente

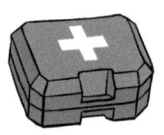

فيزة تاع الاسعاف الاولي

el botiquín de primeros
auxilios

سلكونا

el SOS

لابوليس

la policía

أوروبا

Europa

أمريكا الشمالية

América del Norte

أمريكا الجنوبية

América del Sur

أفريقيا

África

آسيا

Asia

أستراليا

Australia

المحيط الأطلسي

el Atlántico

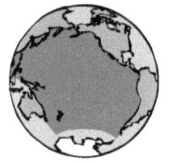

المحيط الهادي

el Pacífico

المحيط الهندي

el Océano Índico

المحيط المتجمد الجنوبي

el Océano Antártico

المحيط المتجمد الشمالي

el Océano Ártico

القطب الشمالي

el polo norte

القطب الجنوبي

el polo sur

منطقة القطب الجنوبي

la Antártida

أرض

la Tierra

بلاد

la tierra

بحر

el mar

جزيرة

la isla

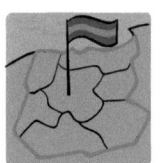

امة

la nación

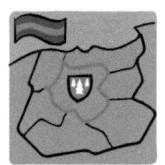

دولة

el estado

ميناء الساعة

la esfera

عقرب الساعات

la manecilla de las horas

عقرب الدقائق

el minutero

عقرب الثواني

el segundero

شعال راها الساعة؟

¿Qué hora es?

يوم

el día

زمن

la hora

دروك

ahora

ساعة رقمية

el reloj digital

دقيقة

el minuto

ساعة

la hora

la semana

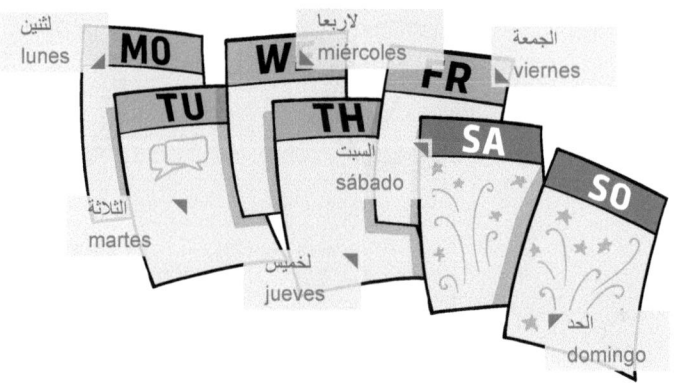

لثنين
lunes

لاربعا
miércoles

الجمعة
viernes

الثلاثة
martes

لخميس
jueves

السبت
sábado

الحد
domingo

لبارح
....
ayer

اليوم
....
hoy

غدوا
....
mañana

صباح
....
la mañana

القايلة
....
el mediodía

العشية
....
la tarde

MO	TU	WE	TH	FR	SA	SU
1	2	3	4	5	6	7
8	9	10	11	12	13	14
15	16	17	18	19	20	21
22	23	24	25	26	27	28
29	30	31	1	2	3	4

يامات الخدمة
....
los días hábiles

MO	TU	WE	TH	FR	SA	SU
1	2	3	4	5	6	7
8	9	10	11	12	13	14
15	16	17	18	19	20	21
22	23	24	25	26	27	28
29	30	31	1	2	3	4

ويكاند
....
el fin de semana

العام
el año

النو
la lluvia
قوس قزح
el arco iris
ثلج
la nieve
الريح
el viento
الربيع
la primavera
الخريف
el otoño
الصيف
el verano
الشتا
el invierno

4.APRIL 11°
5.APRIL 4°
6.APRIL 13°
7.APRIL 8°
8.APRIL 10°

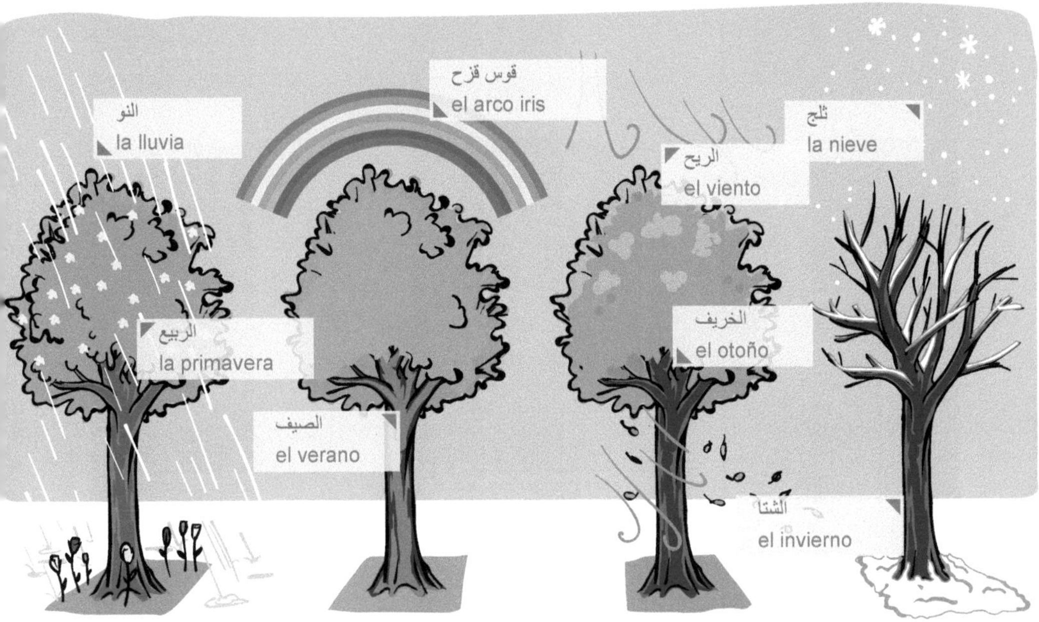

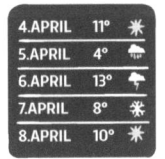

يتنبأ بالحال

el pronóstico meteorológico

F
C
120
90
60
30
0
-30
40
30
20
10
0
-10
-20

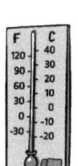

مقياس حرارة

el termómetro

ضوء الشمس

la luz del sol

سحابة

la nube

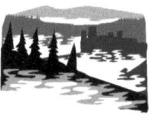

ضباب

la niebla

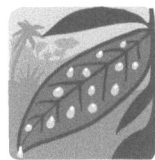

ميديتي

la humedad

برق
....
el rayo

رعد
....
el trueno

عاصفة
....
la tormenta

بَرَد
....
el granizo

ريح
....
el monzón

طوفان
....
la inundación

جليد
....
el hielo

جانفي
....
enero

فيفري
....
febrero

مارس
....
marzo

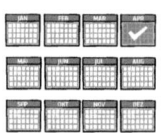

افريل
....
abril

ماي
....
mayo

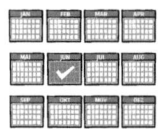

جوان
....
junio

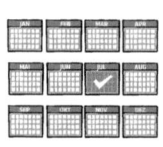

جويلية
....
julio

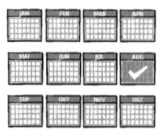

اوت
....
agosto

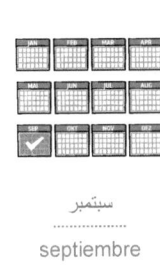

سبتمبر

septiembre

اكتوبر

octubre

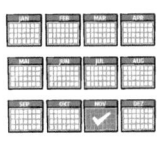

نوفمبر

noviembre

ديسمبر

diciembre

فورما

las formas

دويرة

el círculo

مربع

el cuadrado

مستطيل

el rectángulo

مثلث

el triángulo

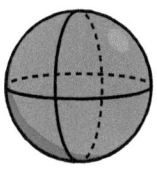

كويرة

la esfera

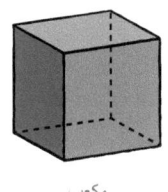

مكعب

el cubo

colores

بيض
....
blanco

صفر
....
amarillo

ثثيني
....
naranja

روز
....
rosa

حمر
....
rojo

حلحالي
....
violeta

زرق
....
azul

خظر
....
verde

قهوي
....
marrón

قري
....
gris

كحل
....
negro

los opuestos

بزاف / شوية

mucho / poco

زعفان / مكالمي

enojado / tranquilo

شباب / مشي شباب

lindo / feo

البدية / التالي

el principio / el fin

كبير / صغير

grande / chico

فاتح / فونسي

claro / oscuro

خو / خت

el hermano / la hermana

نقي / موسخ

limpio / sucio

كامل / ناقص

completo / incompleto

نهار / اليل

el día / la noche

ميت / حي

muerto / vivo

عريض / ضيق

ancho / angosto

يقدو ياكلوه / ميقدروش ياكلوه

comestible / no comestible

شرير / ناس ملاح

malo / amable

يثير / يمل

entusiasmado / aburrido

سمين / رفيق

gordo / flaco

اللولا / التالية

primero / último

الصاحب / لعدو

el amigo / el enemigo

معمر / فارغ

lleno / vacío

قاصح / سوبل

duro / blando

ثقيل / خفيف

pesado / liviano

جوع / عطش

el hambre / la sed

مريض / صحيح

enfermo / sano

غير شرعي / شرعي

ilegal / legal

ذكي / مبوقل

inteligente / estúpido

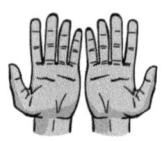

يسار / يمين

izquierda / derecha

قريب / بعيد

cerca / lejos

جديد / مستعمل

nuevo / usado

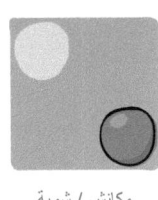

مكانش / شوية

nada / algo

شيباني / شاب

viejo / joven

يشعل / يطفى:

encendido / apagado

محلول / مبلع

abierto / cerrado

بشوية / بلفور

silencioso / ruidoso

مرفع / زوالي

rico / pobre

نيشان / خاطيء

correcto / incorrecto

حرش / رطب

áspero / suave

زعفان / فرحان

triste / contento

قصير / طويل

corto / largo

بشوية / بلخف

lento / rápido

مشمخ / ناشف

mojado / seco

حامي / بارد

caliente / frío

القيرة / لامان

guerra / paz

los números

0	**1**	**2**
صفر	واجد	زوج
cero	uno	dos
3	**4**	**5**
ثلاثة	ربعة	خمسة
tres	cuatro	cinco
6	**7**	**8**
ستة	سبعة	ثمانية
seis	siete	ocho
9	**10**	**11**
تسعة	عشرة	حداعش
nueve	diez	once

12

شناعث

doce

13

تلطاعث

trece

14

رباطاعث

catorce

15

خمسطاعث

quince

16

سطاعث

dieciséis

17

سبطتعث

diecisiete

18

ثمنطاعث

dieciocho

19

تساعطاش

diecinueve

20

عشرون

veinte

100

مية

cien

1.000

ألف

mil

1.000.000

مليون

el millón

انقلي

el inglés

انغلي تاع مريكان

el inglés americano

لغة الشنوية

el chino mandarín

الهندية

el hindi

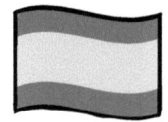

سبنيولية

el español

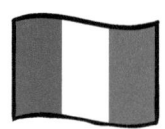

الفرونسي

el francés

العربية

el árabe

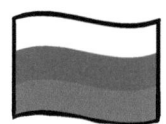

الروسية

el ruso

البوتغالية

el portugués

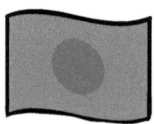

البنغالية

el bengalí

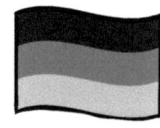

لالمنية

el alemán

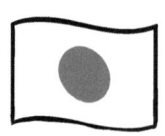

الجابونية

el japonés

انا

yo

نتا

vos

هو

él / ella

حنايا

nosotros

نتوما

ustedes

هوما

ellos

شكون

¿quién?

واش

¿qué?

كيفاش

¿cómo?

وين

¿dónde?

وقتاش

¿cuándo?

الاسم

el nombre

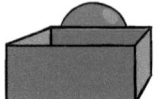

مرول

detrás

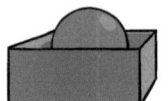

في

en

قدام

adelante de

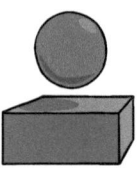

فوق

por encima de

على

sobre

تحت

debajo de

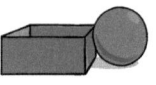

حدا

al lado de

بين

entre

بلاصة

el lugar